Les pages 6 à 29 de ce livret décrivent l'abbaye, selon l'itinéraire indiqué sur le plan ci-contre par une ligne blanche en pointillés. Les couleurs du plan correspondent aux couleurs utilisées ci-dessous et aux coins de pages.

BIENVENUE A L'ABBAYE DE WESTMINSTER

Bienvenue à l'abbaye de Westminster. Quelle que soit la raison de votre visite, nous espérons que vous y ressentirez la présence de Dieu, à qui ce lieu de prière est consacré, et que vous y découvrirez la longue histoire de cet édifice aux connotations royales.

Il y a tant à voir que vous ne serez peut-être pas par où commencer votre visite. Nous espérons que ce guide vous aidera à sélectionner les principaux endroits et objets. Il décrit les diverses parties de l'abbaye, dans l'ordre de votre visite, place l'abbaye dans son contexte historique et en détaille les principaux monuments.

Alors que vous faites le tour de l'abbaye, contemplez la foi qu'elle incarne. L'abbaye fut construite comme lieu de culte et de pèlerinage. Vous êtes semblable à l'un de ces pèlerins d'antan, alors prenez votre temps et glanez ce que vous pouvez des monuments. Laissez-vous emporter par la beauté de l'abbaye, comme l'ont été des millions de personnes avant vous.

Nous vous invitons également, quelle que soit votre foi, à vous arrêter un instant et à penser à Dieu, au service duquel l'abbaye est consacrée. Certains endroits clairement indiqués sont réservés à la prière et à la réflexion. Un aumônier dit une prière toutes les heures et est à votre disposition pour vous aider ou vous conseiller.

Nous espérons que votre visite de l'abbaye de Westminster restera à jamais gravée en vous.

L'histoire de l'abbaye de Westminster

"De quand date l'abbaye de Westminster ?" Il n'est pas simple de répondre à cette question, comme c'est le cas de bien d'autres édifices anciens. D'après au moins une légende médiévale, l'abbaye fut fondée au septième siècle, et "L'île de Thorns" ou "Thorney" (ancien nom de Westminster) était un endroit assez vraisemblable pour la construction d'une grande église anglo-saxonne. Cependant, il est certain que vers 960 ap. J.C., l'évêque de Londres, St Dunstan, établit un groupe de 12 moines à Westminster, et nous savons par conséquent qu'un service divin est célébré sur le site actuel de l'abbaye depuis plus de mille ans.

Cette communauté monastique primitive bénéficiait du soutien du roi Edgar (roi de 957 à 975) qui lui fit don de terres et forgea ainsi des liens serrés entre la Couronne et l'Eglise, que l'on retrouve à travers l'histoire de l'abbaye. L'abbaye a également le mérite d'être le lieu de couronnement de tous les souverains depuis Guillaume Ier, couronné en 1066, et peut-être même depuis Harold II (plus tôt la même année).

Les moines de Westminster suivaient la règle de St Benoît et consacraient leur vie à la prière régulière, au travail manuel et à l'étude. La tradition bénédictine d'hospitalité a été préservée au fil des siècles, et l'école de Westminster, qui était à l'origine une école monastique, subsista ici même lorsque le clergé fut chassé de l'abbaye pendant la république de Cromwell (1649–60).

En 1065, le roi Edouard le Confesseur établit une église importante, attenante à l'abbaye et à proximité de son nouveau palais, dans l'intention d'en faire son lieu de repos éternel. Il avait également prévu un nouveau monastère de plus grandes dimensions, qu'il dota généreusement de terres. Il ne reste rien de cette église en surface, mais les bases de certaines de ses colonnes ont été découvertes sous l'extrémité ouest de la nef actuelle. D'après une représentation de l'église sur la tapisserie de Bayeux, nous savons qu'elle avait une tour centrale et des transepts, ainsi qu'un toit recouvert de plomb. Edouard fut inhumé devant le maître-autel de son église, en 1066, et peu après, Guillaume le Conquérant, impressionné par les rumeurs de manifestations miraculeuses sur le site de sa tombe, édifia un monument onéreux à la mémoire d'Edouard, qui fut canonisé en 1161.

La plupart de l'abbaye telle que nous pouvons l'admirer de nos jours fut construite sous les ordres d'Henri III, entre 1220 et 1272. Les travaux furent dirigés par trois maîtres d'œuvres : Maître Henri "de Reyns" (qui était peut-être français), Maître John de Gloucester et Maître Robert de Beverley. Le plan d'origine était

En haut et à droite • *Images de moines chantant et consécration d'une église, toutes deux en provenance du missel de Litlyngton du 14ème siècle*

Monasteres

Les monastères constituaient une partie essentielle de la vie médiévale. Le monachisme provenait du désir de certains chrétiens de vivre une vie de perfection en plus grande sécurité qu'il n'était possible de le faire dans la vie normale, et moines et religieuses se vouaient à une vie de pauvreté, de chasteté et d'obéissance à la règle de leur ordre. Ils développèrent rapidement la coutume de prier à des heures fixes, jour et nuit. Ces messes étaient appelées des offices.

St Benoît fut le premier à conférer sur papier les devoirs de la vie monastique.

Ceux qui se vouent à louer le Seigneur ne sont pas meilleurs que d'autres. Leur travail est selon eux une vocation et ils considèrent prier pour le compte des autres. Ainsi, tout acte liturgique incorpore des prières pour d'autres personnes. De nos jours, nous prions quotidiennement dans l'abbaye pour le monde, la nation, la ville, l'église et les nécessiteux.

avant tout anglais, avec des bas-côtés simples, une longue nef et de larges transepts saillants, le tout combiné à certaines caractéristiques du gothique français, comme une abside d'où irradient des chapelles aux longues verrières, l'utilisation d'arcs-boutants à l'extérieur pour soutenir la structure et les rosaces rondes des transepts. En 1269, toute la partie est de l'église, le déambulatoire et les chapelles, les transepts, la salle du chapitre, le chœur et la partie est de la nef furent terminés ; la nef allait rester rattachée pendant plus d'un siècle à la nef de plus petites dimensions de l'église originale d'Edouard le Confesseur. Un nouveau tombeau fut édifié pour abriter la sépulture d'Edouard le Confesseur. Après la mort d'Henri, la nef fut progressivement agrandie, entre 1376 et 1498, et l'ancienne nef d'Edouard fut détruite pour faire de la place. Ce ne fut qu'en 1517 que la voûte intérieure fut achevée et la nef finalement terminée.

En haut • Impression artistique de l'abbaye, en 1100
En haut à droite • La charte du roi Edgar, 967 ap. J.C.
A gauche • Vue du chœur, en direction de la verrière ouest

Au cours des années suivantes, l'édifice fut agrandi à plusieurs reprises. La construction de la chapelle d'Henri VII (aussi appelée chapelle de Notre-Dame) débuta en 1503 et fut achevée en 1512, et en 1532 les chapelles Islip Chantry y furent ajoutées. Les deux tours ouest vinrent terminer la structure de base : Sir Christopher Wren dessina les plans d'origine, qui furent réalisés par Nicholas Hawksmoor en 1745.

Il est certain que quiconque habitait ici juste avant la disparition du monastère, dans les années 1540, reconnaîtrait l'extérieur de l'abbaye. Toutefois, bien que le plan d'ensemble intérieur soit identique, l'église et les enceintes ont été transformées au fur et à mesure de leurs changements d'usage, depuis la Réforme. Le clergé comme l'état se rassemblaient autrefois ici, et les évêques étaient consacrés dans la chapelle de Ste Catherine, désormais en ruine. Les Communes se réunirent une fois dans ce qui était à l'origine le réfectoire des moines, dans la salle du chapitre, et qui servit ultérieurement aussi à entreposer les archives gouvernementales. La grande salle où dormaient les moines fut transformée en bibliothèque et en classe d'école, ce qui est toujours le cas de nos jours. Les logements et les bureaux du monastère furent adaptés afin d'en faire des maisons pour le clergé et d'autres. Certains de ces bâtiments sont pratiquement intacts et faciles à reconnaître, certains ont été transformés, à l'intérieur comme à l'extérieur, et d'autres ont complètement disparu. L'église principale et le grand cloître, quant à eux, n'ont subi que de légères modifications au fil du temps.

De nombreuses chapelles de l'abbaye ne le sont que par nom, car des tombes et des monuments se dressent désormais là où se trouvaient autrefois les autels. Ces changements, suite à la Réforme, ont conféré à l'abbaye sa réputation de principal lieu de sépulture et de com-mémoration des grands hommes, en temps de paix comme de guerre, de la royauté, ainsi que de ceux qui servirent ici, des bienfaiteurs de l'abbaye, et de personnes qui habitaient simplement à proximité. Bien des leçons sur la pensée sociale, politique et culturelle de nos

ancêtres peuvent être tirées du choix de personnes inhumées à l'abbaye.

Entre 1973 et 1995, l'abbaye subit un programme de restauration intensive qui fut entièrement financé par des contributions privées. Les façades nord et sud furent ravalées et restaurées. La façade ouest fut également restaurée et six nouvelles statues y furent ajoutées. La dernière phase des travaux fut la restauration de l'extérieur de la chapelle d'Henri VII. En 1996, quatre statues allégoriques dépeignant les vertus pour lesquelles des martyrs chrétiens sacrifièrent leur vie furent dressées à côté des grandes portes ouest. Elles représentent la Vérité, la Justice, la Miséricorde et la Paix. Récemment, dix autres statues de martyrs du 20ème siècle furent ajoutées dans les niches qui étaient restées vides.

A gauche • *Les cloîtres*
Ci-dessus • *L'abbaye depuis la cour du doyen*
En haut à gauche • *Arcs-boutants vus des cloîtres*
En haut à droite, dans l'encart • *St Edouard le Confesseur*

960	Etablissement de la première communauté de bénédictins à Westminster
1065	Consécration de l'église d'Edouard
1066	Inhumation d'Edouard devant le maître-autel
1066	Couronnement de Guillaume Ier
1102	Ouverture de la tombe du roi Edouard
1140	Echec de la tentative de canonisation du roi Edouard
1161	Bulle de canonisation du Pape Alexandre III
1216	Accession d'Henri III au trône et son premier couronnement
1220	Pose de la pierre de fondation de la chapelle de Notre-Dame, par Henri III
1220	Couronnement d'Henri III
1222	Attribution à l'abbaye de Westminster, par des juges papaux, d'une exemption de la compétence de l'évêque de Londres et de l'archevêque de Canterbury, et d'un assujettissement direct au Pape
1245	Henri III entreprend la construction de l'église actuelle
1471–98	Pose de la toiture de la nef
1500–17	Voûte de la nef achevée ; vitrage de la verrière ouest
1503 jusqu'en 1532	Pose de la pierre de fondation de la chapelle d'Henri VII Construction des chapelles Islip Chantry
1540	Dissolution du monastère
1560	Rétablissement de la collégiale de Westminster par Elisabeth Ière
1698	Choix de Sir Christopher Wren comme ingénieur. Il entreprit des travaux de restauration et conçut les tours ouest
1745	Plans des tours ouest, conçus par Wren en 1698, modifiés et réalisés par Nicholas Hawksmoor
1808–22	Restauration de la chapelle d'Henri VII
1973–95	Programme intensif de restauration, financé par des contributions privées procurées par le Trust de l'abbaye de Westminster
1996	Erection aux côtés des portes ouest de quatre statues représentant des allégories dépeignant les vertus pour lesquelles des martyrs chrétiens sacrifièrent leur vie
1998	Erection de dix statues dépeignant des martyrs du 20ème siècle dans les niches encore vides, au-dessus des portes ouest

LE TRANSEPT NORD ET LE BAS-COTE DU CHŒUR

C'est la vue que chaque visiteur a pu admirer au fil des siècles, à son entrée dans l'église. La **porte nord** était une entrée principale, surplombée d'une superbe **rosace** conçue par Sir James Thornhill et représentant 11 apôtres (Judas Iscariote n'y figurant pas).

Une fois à l'intérieur du transept nord, vous êtes entouré de statues, dont nombre commémore des hommes d'Etat britanniques. Parmi les plus connus on trouve le **Vicomte Palmerston** (1784–1865) et **William Pitt**, premier comte de Chatham (1708–78). Du côté est se dressent, entre autres, les statues de **Sir Robert Peel** (1788–1850), qui en ses fonctions de ministre de l'Intérieur, dans les années 1820, fonda la police moderne. En sa mémoire, les policiers de Londres sont encore parfois surnommés "Bobbies", avec une certaine affection. Plus loin se dressent deux Premiers ministres victoriens connus pour leur rivalité, **William Ewart Gladstone** (1809–98) et **Benjamin Disraeli** (1804–81), homme d'Etat et écrivain. Les Premiers ministres les plus récents sont généralement commémorés par des plaques incorporées au dallage de la nef.

La musique joue un rôle essentiel dans le culte. Au cours des siècles, l'abbaye a pu se vanter d'avoir parmi ses employés certains des plus grands compositeurs et interprètes, et plusieurs d'entre eux sont commémorés dans la nef latérale du chœur. **Henry Purcell** (1659–95), organiste de

1679 à sa mort prématurée à l'âge de 36 ans, en était probablement le plus grand. Il est enterré ici. Son professeur, John Blow (1649–1708), était lui aussi organiste à l'abbaye mais reconnut le génie de son élève et démissionna pour lui laisser la place, avant de la reprendre à la mort de Purcell.

Deux militants contre la traite des esclaves sont également commémorés : **William Wilberforce** (1759–1833) et **Thomas Clarkson** (1760–1864), moins connu mais tout aussi important à cette cause.

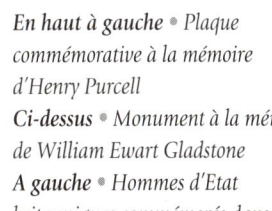

Extrême gauche • Image du Christ dans toute sa gloire, au-dessus de la porte nord
A gauche • La porte nord

En haut à gauche • Plaque commémorative à la mémoire d'Henry Purcell
Ci-dessus • Monument à la mémoire de William Ewart Gladstone
A gauche • Hommes d'Etat britanniques commémorés dans le transept nord
Ci-contre • Le transept sud et sa rosace

LE DEAMBULATOIRE NORD

Cette partie de l'abbaye est un passage qui contourne la chapelle d'Edouard le Confesseur et mène à la chapelle d'Henri VII (ou chapelle de Notre-Dame). Les tombeaux de souverains se dressent du côté de l'autel, et de l'autre côté se trouvent plusieurs chapelles, qui abritent surtout des monuments funéraires. La première est celle de **St Michel**. Elle contient plusieurs monuments importants, dont le plus célèbre est l'œuvre accablante du sculpteur français L.F. Roubiliac, qui date de 1761. Il représente **Joseph Nightingale** s'efforçant en vain d'empêcher une

Mort squelettique d'attaquer Lady Elizabeth, son épouse. La Mort toute puissante surgit de sa caverne pour transpercer sa proie. Juste à l'extérieur de cette chapelle se trouve un grand monument en l'honneur du **Général de division James Wolfe** (1727–59), surnommé "Loup du Québec". Pendant la première guerre mondiale, plusieurs régiments canadiens y déposèrent leurs drapeaux, qui furent regroupés sur le monument. Après l'Armistice, ils furent recueillis mais le gouvernement canadien exigea que deux drapeaux soient placés ici, en commémoration éternelle de l'assistance offerte à un Royaume-Uni dans le besoin.

Les **chapelles Islip** et **Islip Upper Chantry** (désormais la chapelle du monument aux infirmières) sont attenantes à la chapelle St Michel. John Islip (1464–1532) fut élu abbé en 1500. L'un des favoris des rois, il les encouragea à financer des travaux à l'abbaye. Les travaux de construction de la chapelle de Notre-Dame commencèrent également à cette époque. La nef fut achevée et la verrière ouest installée avant sa mort.

En haut • *Le tombeau d'Elizabeth Nightingale*
A gauche • *Monument à la mémoire du Général de division James Wolfe*
En bas • *La chapelle Islip inférieure*

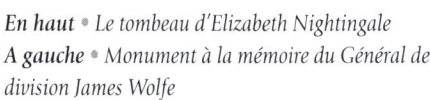

ELISABETH IERE

Elisabeth Ière régna sur l'Angleterre de 1558 jusqu'à sa mort, en 1603. Fille d'Henri VIII et d'Anne Boleyn, Henri la déclara illégitime après avoir ordonné l'exécution de sa mère, mais il lui restitua son rang dans son testament. En dépit de nombreux prétendants, elle ne se maria jamais et ne laissa par conséquent aucun héritier. La guerre contre l'Espagne fut menée en mer pendant la plus grande partie de son règne, jusqu'à ce que l'invincible Armada, puissante flotte espagnole, soit envoyée en Angleterre pour se livrer à une bataille navale historique. Ces succès ne firent qu'accroître la popularité d'Elisabeth, et la grande affection que cette "Reine Vierge" inspirait en ses sujets, ainsi que son talent particulier pour sélectionner des conseillers perspicaces, contribuèrent à faire de son long règne l'un des plus remarquables de l'histoire d'Angleterre. Ce fut également une époque de grandes prouesses littéraires, avec des écrivains aussi prolifiques qu'Edmund Spenser et William Shakespeare dont maintes œuvres incorporaient des références symboliques à la majesté d'Elisabeth. Son décès fut marqué par un deuil universel.

Un escalier mène du déambulatoire à la chapelle d'Henri VII (décrite en détail au verso). Juste à l'intérieur de la chapelle, dans le bas-côté nord, se dresse le tombeau très ouvragé d'**Elisabeth Ière** (1533–1603) et de sa demi-sœur **Marie Ière** (1516-58). Il fut érigé par Jacques Ier (1566–1625), qui lui-même repose sous le tombeau d'Henri VII. Le tombeau d'Elisabeth porte l'inscription latine suivante : "Consorts sur le trône et dans la tombe, ci-gisons-nous, les sœurs Elisabeth et Marie, dans l'espoir d'une résurrection unique". Une pierre moderne incorporée au dallage commémore également ceux "divisés par leurs convictions au moment de la Réforme, qui ont sacrifié leur vie pour le Christ et leur conscience".

LA CHAPELLE D'HENRI VII (LA CHAPELLE DE NOTRE-DAME)

Dès sa construction, la chapelle d'Henri VII, également appelée chapelle de Notre-Dame, fut considérée comme l'une des merveilles du monde, et c'est encore le cas de nos jours. Les travaux de construction débutèrent en 1503, sous les ordres d'Henri VII (1457–1509) et la chapelle était destinée à servir de lieu de sépulture à Henri VI (1421–71), mais c'est en fait Henri VII lui-même qui y fut inhumé, dans un tombeau très ouvragé. On la doit probablement à Robert Vertue ; son frère cadet, William, avait construit la voûte de la chapelle St Georges, à Windsor, en 1505.

L'entrée est ornée de **grilles de bronze** finement forgées. Elles sont probablement l'œuvre de Thomas Ducheman, qui réalisa également la clôture du tombeau d'Henri VII et elles portent les emblèmes royaux des Tudor, parmi lesquels celui d'Edouard IV (1442–83), beau-père d'Henri VII. L'abside et les bas-côtés de la chapelle sont rehaussés de **voûtes en éventail** extraordinairement détaillées et ouvragées, décorées elles aussi d'emblèmes des Tudor et de pendants sculptés, contribuant à une beauté et un génie artistique d'une perfection stupéfiante.

LA VIERGE MARIE

"Notre-Dame", la Vierge Marie, mère de Jésus, détient une place importante au cœur de la tradition chrétienne. Dans l'Eglise médiévale, elle avait parfois pratiquement autant d'importance que Jésus, ce que les réformateurs protestants tentèrent de rectifier. De nos jours, les chrétiens diffèrent toujours dans leur dévotion à Marie, mais tous conviennent que sa foi et sa simple obéissance à la volonté de Dieu sont des exemples à suivre : "Je suis la servante du Seigneur, qu'il me soit fait selon ta parole". Le cantique de Marie, le *Magnificat* – "Mon âme exalte le Seigneur" – est chanté quotidiennement aux prières du soir.

Ci-dessus • *La procession des chevaliers du bain, en 1749, tableau de Canaletto*
Ci-dessus à gauche • *Le tombeau d'Henri VII et d'Elisabeth d'York*
A gauche • *Les effigies d'Henri et Elisabeth*
Ci-contre • *La chapelle d'Henri VII, en direction de l'est*

Sous les verrières, autrefois ornées de vitraux dont ne subsistent que quelques fragments, 94 statues de saints sur les 107 d'origine occupent des niches aux décorations opulentes. Les vitraux du dessous, ainsi que la fenêtre héraldique à l'ouest de la chapelle, commémorent les bienfaiteurs qui aidèrent à restaurer l'abbaye au 20ème siècle. La fenêtre du côté est, un cadeau de Lord Harris of Peckham en l'an 2000, célèbre la Vierge Marie.

Les étendards des Chevaliers encore en vie de la **Grande Croix de l'ordre du bain**, dont c'est également la chapelle, sont suspendus autour de la chapelle. A la création de l'ordre en 1725, des stalles et des sièges supplémentaires furent installés. Sur les stalles, des plaques portent le nom et les armoiries des anciens chevaliers de l'ordre, alors que sous les sièges se trouvent des miséricordes finement travaillées.

L'autel, copié sur un original du 16ème siècle, possède deux de ses colonnes d'origine et sous son dais se trouve un tableau du 15ème siècle, de Vivarini, représentant la Madone et l'Enfant.

Derrière l'autel se dresse l'imposant tombeau d'**Henri VII** (1457–1509) et d'**Elisabeth d'York** (1465–1503), œuvre de Pietro Torrigiano protégée par une grille de bronze. Les effigies du roi et de la reine sont en bronze doré.

A l'extrémité est de la chapelle de Notre-Dame se trouve la plus petite **chapelle de la "Royal Air Force"**, avec le vitrail commémoratif de la bataille d'Angleterre et la liste des combattants tombés au champ d'honneur. Juste devant une pierre indique qu'**Oliver Cromwell** (1599–1658) fut inhumé ici pendant deux ans, avant que sa dépouille ne fût exhumée, déchiquetée et suspendue sur un gibet, à Tyburn.

THE BURIAL PLACE OF
OLIVER CROMWELL
1658 · 1661

En haut • *Statue de St Mathieu portant des besicles*
Ci-dessus • *Pierre commémorant le lieu de sépulture temporaire d'Oliver Cromwell*
A gauche • *La chapelle de la Royal Air Force, à l'extrémité est de la chapelle d'Henri VII*
Ci-contre • *Les superbes voûtes en éventail qui surplombent la chapelle d'Henri VII*

Dans le bas-côté sud de la chapelle repose **Marie Ière Stuart** (1542–87), mère de Jacques VI d'Ecosse, qui ramena son corps de Peterborough et lui donna un tombeau plus somptueux encore que celui qu'il avait fait ériger pour sa cousine Elisabeth. Dans ce même bas-côté repose la mère d'Henri VII, **Margaret Beaufort**, comtesse de Richmond (1443–1509). Son effigie, un autre bronze de Torrigiano, la dépeint à un âge avancé. Elle était réputée pour ses œuvres de bienfaisance et son intellect. Elle fonda Christ's College et St John's College à Cambridge, activités qui sont évoquées par Erasme dans l'inscription funéraire. Le tombeau de **Margaret, comtesse de Lennox** (1515–78) se trouve également ici. Elle termina ses jours dans la pauvreté mais son petit-fils, Jacques Ier, lui fit construire ce tombeau ouvragé après avoir accédé au trône d'Angleterre. Ses quatre fils et quatre filles sont représentés, agenouillés de part et d'autre du monument.

Ci-dessus • *Le tombeau de Margaret, comtesse de Lennox*
Ci-dessous et à droite • *Le tombeau de Marie Ière Stuart*

LE DEAMBULATOIRE SUD

Le déambulatoire sud contourne l'abside, de la chapelle de Notre-Dame au transept sud. Il ouvre sur deux petites chapelles. La première, la **chapelle de St Nicolas**, est séparée du déambulatoire par une cloison de pierre médiévale. L'une des reliques de l'abbaye, datant d'avant la Réforme, était l'un des doigts du saint. De nombreux monuments élisabéthains sont abrités dans cette chapelle. La seconde est la **chapelle de St Edmond** (c. 842–70), roi des "East Anglians" et martyr en 870. De ce déambulatoire, on peut également admirer le côté sud du tombeau d'**Edouard III**, avec les statues de six de ses enfants, et près des grilles d'entrée, le tombeau présumé de **Sebert**, fondateur légendaire de la première abbaye sur ce site, mort vers 616.

Ci-dessus • Peintures au-dessus du tombeau de Sebert
Ci-dessous • Effigie de Lady Margaret Beaufort

LA CHAPELLE DE ST EDOUARD LE CONFESSEUR

Cette chapelle contient le tombeau de **St Edouard le Confesseur** (vers 1002/5–66), juste à l'est du sanctuaire. Elle est séparée de la partie ouest par une paroi de pierre (probablement du 15ème siècle) dont les bas-reliefs évoquent des scènes de la vie de St Edouard. De nos jours, le monument n'est plus que l'ombre de lui-même.

Il comprenait à l'origine trois parties : une base de pierre ouvragée, un coffre d'or pour le cercueil du saint, et un dais qui pouvait être relevé pour révéler le coffre d'or, ou abaissé pour le protéger. Au fil des siècles, des offrandes votives d'or et de bijoux l'enrichirent, et des milliers de pèlerins (les précurseurs des touristes actuels) venaient y prier. Les malades passaient parfois la nuit aux côtés de la châsse, dans l'espoir d'une cure. Des alcôves sont réservées à ceux qui souhaitent s'agenouiller et prier pour une guérison.

Tout ceci prit fin lorsque le monastère fut dissous, en 1540. La châsse fut démantelée et préservée par les moines ; l'or leur fut confisqué mais ils furent autorisés à enterrer le saint ailleurs dans l'abbaye. Au cours du règne de Marie Ière (1516–58), les moines revinrent à l'abbaye et le monument fut partiellement restauré. Malheureusement, le socle de pierre fut réassemblé de manière assez grossière, sans grand souci de faire correspondre les sculptures et les motifs qui le décoraient. Le cercueil fut placé dans la partie supérieure du socle et surmonté du dais. Le nouvel emplacement du monument est lui aussi incorrect : un espace vide dans le dallage Cosmati de la chapelle, comparable à celui qui se trouve en face du maître-autel, indique l'emplacement d'origine de la châsse. Il révèle également que le monument se trouvait autrefois sur une plate-forme, ce qui rendait le dais, désormais restauré, visible au-delà de la paroi ouest.

La chapelle abrite les tombeaux de cinq rois et de quatre reines. A l'extrémité est se tient le tombeau d'**Henri V** (1387–1422) et sa chanterie,

au-dessus, ornée de scènes de son couronnement. L'effigie du roi, dont la tête et les insignes royaux étaient en argent, était elle-même argentée, mais ce métal précieux fut volé en 1546. **Eléonore de Castille** (vers 1244–90), première épouse d'Edouard Ier, repose non loin de là. Elle fut sa compagne pendant toute la durée de leurs 36 ans de mariage. A sa mort, Edouard, fit embaumer sa dépouille. Son corps fut transporté de Lincoln à Westminster, et Edouard fit ériger une croix commémorative à chaque endroit où le cortège funèbre s'était arrêté pour se reposer. A ses côtés, dans un tombeau de marbre de Purbeck, repose **Henri III** (1207–72), à qui l'on doit la reconstruction de l'abbaye. Près de lui se trouve la tombe d'**Edouard Ier** (1239–1307). Il fut surnommé "Longshanks" ("Grandes jambes") à cause de son imposante stature et fut le premier roi à être couronné dans la nouvelle abbaye, en 1272. **Richard II** (1367–1400), sa première épouse **Anne de Bohème** (1366–94), **Edouard III** (1312–77) et son épouse **Philippa du Hainault** (1314–69), ainsi que **Catherine de Valois** (1401–37), épouse d'Henri V, reposent également dans cette chapelle.

Ci-contre • *Le monument de St Edouard le Confesseur*
A gauche • *Effigie d'Henri III, sur son tombeau*
Au centre • *Eléonore de Castille, première femme d'Edouard Ier*
En haut à droite • *Le tombeau d'Edouard III*

LE TRANSEPT SUD ET LE COIN DES POETES

Cet espace est éclairé par une imposante **rosace**, dont les vitraux datent de 1902. Plus bas, dans les angles des cintres extérieurs, se trouvent deux des plus belles **sculptures** de l'abbaye, qui représentent des anges agitant un encensoir.

En plus des nombreux monuments qui se trouvent dans cette partie de l'abbaye, on peut également y admirer deux belles **peintures murales** du 13ème siècle, près de la porte conduisant à la chapelle Ste Foi. Elles représentent le Christ dévoilant ses blessures à Thomas l'Incrédule et St Christophe. Il ne reste rien de l'escalier qu'empruntaient autrefois les moines pour les offices de nuit.

Ce lieu est principalement connu pour son **coin des poètes**. Il ne fut pas à l'origine destiné à devenir le lieu de sépulture d'écrivains, dramaturges et poètes ; le premier, **Geoffrey Chaucer** (vers 1343–1400), fut enterré dans l'abbaye de Westminster parce qu'il avait été Conducteur des Travaux du palais de Westminster et non en tant qu'auteur des *Contes de Cantorbéry*.

Nicholas Brigham érigea pour Chaucer un tombeau plus prestigieux, au 16ème siècle, et en 1599, **Edmund Spenser** (1553–99) fut enterré non loin de là. Ces deux inhumations furent le début d'une coutume qui se poursuit encore de nos jours.

Les commémorations à l'abbaye ne suivaient pas toujours immédiatement les décès. Même **William Shakespeare** (1564–1616) dut attendre jusqu'en 1740 avant qu'un

En haut • *Ange sculpté, avec un encensoir*
Ci-dessus • *Les nombreux et divers monuments du coin des poètes*
A gauche • *Plaques au sol commémorant certains grands écrivains des 150 dernières années, dans le coin des poètes*

(1792–1866), l'historien **Lord Macaulay** (1800–59), et les acteurs **David Garrick** (1716–99) et **Sir Henry Irving** (1838–1905). **Thomas Parr** (†1635), qui aurait vécu jusqu'à l'âge de 152 ans, ayant de son vivant assisté au couronnement de dix souverains, est l'une des curiosités du coin des poètes.

A gauche • *Le tombeau de Geoffrey Chaucer*
En bas à gauche • *Monument à la mémoire du compositeur Georg Friedrich Händel*
Ci-dessous • *La rosace du transept sud*

monument à sa mémoire ne soit érigé dans le coin des poètes. D'autres poètes et écrivains, autrefois connus, sont passés dans l'oubli et seuls leurs monuments nous rappellent leur gloire d'antan. Inversement, de nombreux auteurs dont les écrits sont encore célèbres de nos jours n'ont jamais été immortalisés dans le coin des poètes, bien que la raison n'en soit pas toujours claire. La tombe de **Charles Dickens** (1812–70) présente un intérêt particulier. Pour s'être fait le défenseur de l'abolition de l'esclavage et avoir sensibilisé l'opinion publique aux souffrances des classes sociales défavorisées, il s'attira une gloire durable. De nos jours, on continue de déposer une gerbe sur sa tombe, chaque année, à l'anniversaire de sa mort. L'espace au sol étant depuis peu épuisé, les noms sont désormais inscrits dans la fenêtre au-dessus de la tombe de Chaucer.

Il n'y a pas que des poètes ou des écrivains qui soient enterrés dans le transept sud. Plusieurs anciens doyens, prébendiers et chanoines de Westminster y reposent, tout comme le théologien et compositeur d'hymnes **John Keble**

LE CHŒUR ET LE SANCTUAIRE

Le chœur et le sanctuaire (également appelés sacrarium) étaient au centre de l'abbaye monastique ; l'Eucharistie y était célébrée, comme c'est toujours le cas de nos jours. Le **maître-autel** et le retable furent la création de Sir Gilbert Scott en 1867. L'argent légué par une servante, Sarah Hughes, permit d'acquérir les chandeliers, au 17ème siècle.

L'un des plus beaux trésors de l'abbaye, un **dallage** qui date de 1268, se trouve en face de l'autel. Sa technique d'incrustation de motifs complexes, réalisés à partir de petits morceaux de marbre polychromes sur une base en marbre uni, s'appelle Cosmati, du nom de la famille italienne qui la mit au point. Il s'agit probablement du plus bel exemple qui subsiste et il dépeint l'âge du monde selon l'ancien système ptolémaïque, qui plaçait la terre au centre du monde, en un point fixe. Cette œuvre, mais non pas son motif, se poursuit dans la chapelle de St Edouard, derrière le sanctuaire. Les tombeaux de plusieurs nobles du 13ème siècle bordent le côté nord du sanctuaire, et au sud repose **Anne de Clèves** (1516–57), quatrième femme d'Henri VIII.

C'est dans le **chœur** que les moines priaient, jour et nuit. Il ne reste rien du chœur d'avant la Réforme. A la fin du 18ème siècle, l'ingénieur Henry Keene fit ôter les stalles du 13ème siècle et créa un chœur de plus petites dimensions. Ce dernier fut remplacé au milieu du 19ème siècle par le chœur actuel en style gothique victorien d'Edward Blore, qui supprima les cloisons qui avaient jusqu'alors bloqué les transepts. Les stalles sont attribuées à divers membres de la collégiale et aux hauts commissaires des pays du Commonwealth. Les quatre premiers, le Canada,

A gauche • *L'orgue au-dessus du jubé de la chorale, construit à l'origine en 1730. Des reconstructions et agrandissements successifs ont conféré à l'orgue l'apparence et le son qui nous enchantent aujourd'hui*
Au centre • *Le chœur, en direction de l'est, vers le sanctuaire*
Extrême gauche • *Le dallage Cosmati en face du maître-autel*

l'Australie, la Nouvelle-Zélande et l'Afrique du Sud ont un emplacement spécial.

De nos jours, la chorale de l'abbaye, qui rassemble environ 22 garçons et 12 vicaires laïcs (nom donné aux choristes adultes) chante les messes quotidiennes. Les garçons sont éduqués à l'école de la chorale, qui est exclusivement réservée aux choristes et qui est la seule en son genre à avoir subsisté. L'école est mentionnée dans des écrits du 15ème siècle, et elle pourrait être plus ancienne encore. Pendant plusieurs siècles, elle était rattachée à l'école de Westminster, mais devint indépendante au milieu du 19ème siècle.

L'EUCHARISTIE

Les origines de l'Eucharistie, principal acte de dévotion chrétienne, remontent à la Cène, avec Jésus et ses disciples. Son importance pour tous les Chrétiens lui a valu d'être un point d'unité mais aussi parfois de désaccord. Le service comprend la lecture et la prédication de l'évangile, des prières pour le monde, l'union de fidèles dans une paix mutuelle et une reconstitution symbolique de la Cène culminant avec le partage du pain et du vin.

L'Eucharistie est célébrée à l'abbaye au moins une fois par jour, sans exception. C'est le symbole, pour les fidèles et ceux qui les entourent, de la présence de Dieu au travers du cycle de mort et de résurrection. Alors que nous partageons l'Eucharistie, cet idéal devient partie intégrante de notre propre vie, qui change alors pour mieux refléter la vie de Dieu.

COURONNEMENTS ET OCCASIONS SPECIALES

Les couronnements ont lieu devant le maître-autel. Pour cette cérémonie, livrée par l'archevêque de Canterbury, le **trône du couronnement** est placé dans le sanctuaire. Ce trône était autrefois doré et délicatement moulé, mais n'ayant pas été protégé du public pendant plusieurs années, des noms y ont été gravés, certains indubitablement par de jeunes élèves de l'école de Westminster. Le trône fut fabriqué sous les ordres d'Edouard Ier, en vue d'abriter la pierre écossaise de Scone et il était à l'origine orné de motifs d'oiseaux, de plantes et d'animaux, sur un fond doré. Edouard s'était emparé de la pierre en 1296 et l'avait apportée à l'abbaye où elle resta jusqu'en 1996, lorsque le gouvernement ordonna son retour à l'Ecosse. Il y a maintenant un vide là où elle se trouvait. Depuis 1308, tous les souverains d'Angleterre ont été couronnés sur ce trône, à l'exception d'Edouard V (1470–83), qui aurait été assassiné à la Tour de Londres, d'Edouard VIII (1894–1972), qui abdiqua en 1936 avant d'être couronné et, paraît-il de Marie Ière (1516–58).

A gauche • *L'abbaye juste avant le couronnement de la reine Victoria en 1838*
Ci-dessus • *La reine et le duc d'Edimbourg, à l'occasion de la messe de leurs noces d'or, en novembre 1997*
A droite • *Le trône du couronnement, sans la pierre de Scone qu'il était destiné à abriter*

DATES DES REGNES

Edouard le Confesseur	1042–66
Harold	1066
Guillaume Ier	1066–87
Guillaume II	1087–1100
Henri I	1100–35
Etienne de Blois	1135–54
Mathilde	*déclarée reine en* 1135
Henri II	1154–89
Richard Cœur de Lion	1189–99
Jean sans Terre	1199–1216
Henri III	1216–72
Edouard Ier	1272–1307
Edouard II	1307–27
Edouard III	1327–77
Richard II	1377–99
Henri IV	1399–1413
Henri V	1413–22
Henri VI	1422–61 et 1470–71
Edouard IV	1461–70 et 1471–83
Edouard V	1483
Richard III	1483–85
Henri VII	1485–1509
Henri VIII	1509–47
Edouard VI	1547–53
Marie Tudor	1553–58
Elisabeth Ière	1558–1603
Jacques Ier	1603–25
Charles Ier	1625–49
[République de Cromwell	1649–60]
Charles II	1660–85
Jacques II	1685–88
Guillaume et Marie	1688–1702 (Décès de Marie en 1694)
Anne	1702–14
Georges Ier	1714–27
Georges II	1727–60
Georges III	1760–1820
Georges IV	1820–30
Guillaume IV	1830–37
Victoria	1837–1901
Edouard VII	1901–10
Georges V	1910–36
Edouard VIII	1936
Georges VI	1936–52
Elisabeth II	1952–

LES CLOITRES, LA SALLE DU CHAPITRE ET LA CHAPELLE DU CIBOIRE

Avant la Réforme, les **cloîtres** étaient l'une des parties les plus animées du monastère. Avec leurs vitraux, leurs tapis de sparterie et leurs braseros, ils devaient paraître beaucoup plus accueillants qu'aujourd'hui. Dans la galerie ouest, le maître des novices instruisait ces derniers et les moines se consacraient également ici à leurs ablutions. La galerie nord, équipée d'étagères, tables et sièges, était réservée à l'étude individuelle. La galerie sud menait au réfectoire, où étaient servis les repas, et la galerie est à la salle du chapitre et aux dortoirs.

C'est dans la **salle du chapitre** que l'on discutait des activités quotidiennes du monastère et que l'on attribuait les tâches. Les travaux de construction de la salle du chapitre débutèrent en 1250, et c'était à cette époque l'un des plus grands bâtiments de son type en Angleterre. Elle a une forme octogonale, avec une colonne centrale qui supporte la voûte. Les murs portent encore les traces de peintures médiévales bien conservées ; un plancher l'ayant protégé jusqu'au 19ème siècle, le magnifique dallage original n'a rien perdu de l'éclat de ses couleurs. Les vitraux furent fortement endommagés pendant la seconde guerre mondiale, et les anciens panneaux victoriens côtoient de nouveaux panneaux de verre contenant les blasons de souverains, bienfaiteurs, abbés et autres personnages associés à l'abbaye. La salle du chapitre servit de chambre des communes au cours de la deuxième moitié du 14ème siècle. Après la Dissolution en 1540, elle devint également propriété de la couronne, ce qui est toujours le cas aujourd'hui.

Attenante à la salle du chapitre, derrière une porte de chêne massif protégée par six serrures, se trouve la **chapelle du ciboire**. Cette salle voûtée fut construite entre 1065 et 1090. Son autel de pierre et sa piscine sur pilier sont des signes de son ancien statut de chapelle, avant sa transformation en Trésor du monastère, au 14ème siècle. Le ciboire était le coffret qui contenait les pièces standard d'or et d'argent servant d'étalons chaque année au cours de l'épreuve du ciboire.

A droite • *La salle du chapitre*
Extrême droite, en haut • *La chapelle du ciboire*
Extrême droite, en bas • *La salle Jérusalem*

Une abbaye commerciale

Toute abbaye médiévale était une entreprise commerciale qui employait de nombreuses personnes et offrait son hospitalité aux visiteurs de passage. L'abbaye moderne a conservé nombre de ces traditions. L'abbaye de Westminster a un effectif important et propose un magasin et un petit café aux visiteurs. A l'époque des ordinateurs, téléphones, télécopieurs et de la messagerie électronique, la salle du chapitre n'est plus le centre de gestion de l'abbaye, mais le doyen et le chapitre accueillent toujours les gens pour l'étude et la réflexion, dans la salle Jérusalem ou ailleurs. La gamme d'activités qui se déroulent ici est symbolique du don de la vie à Dieu. Ici, des réunions sont organisées, des dîners offerts, les guildes d'artisans se rencontrent et de jeunes gens reçoivent une éducation. L'évangile chrétien proclame la participation de Dieu à tous les aspects de notre vie et l'abbaye incarne ce message par ses divers usages, passés et présents.

La nef

La partie ouest de la nef est dominée par le **grand vitrail** qui
éclaire le bâtiment. Installé en 1735, le vitrail représente
Abraham, Isaac et Jacob, avec 14 prophètes au-dessous
desquels se trouvent les armoiries du roi Sebert, d'Elisabeth
Ière, de Georges II (au centre), du doyen de l'époque,
Wilocks, et de la collégiale Saint Pierre de Westminster (nom
donné à l'abbaye de Westminster par Elisabeth Ière en 1560).

C'est également là que se trouve la **tombe du soldat
inconnu**, qui, paraît-il, doit son existence à un aumônier
britannique qui aurait remarqué, dans un jardin
d'Armentières, une tombe portant la simple inscription
"Soldat britannique inconnu". En 1920, le corps d'un autre
soldat inconnu fut ramené du champ de bataille et inhumé à
l'abbaye, le 11 novembre, lors d'une cérémonie à laquelle
assistèrent le roi Georges V, la reine Marie et de nombreux
autres membres de la famille royale, ainsi que 100 titulaires
de la Croix de Victoria qui formèrent une haie d'honneur.
Non loin de là, un pilier porte la Médaille du Congrès
conférée par les Etats-
Unis. La plupart des
chefs d'état en visite
paient leurs respects ici.
Un monument à la
mémoire des innocentes
victimes de l'oppression,
de la violence et de la
guerre fut ajouté près de
la porte ouest, en 1996
(voir page 32).

A droite • *Le vitrail ouest*
Au centre • *La nef,*
depuis l'ouest
Extrême droite, en haut •
La tombe du
soldat inconnu

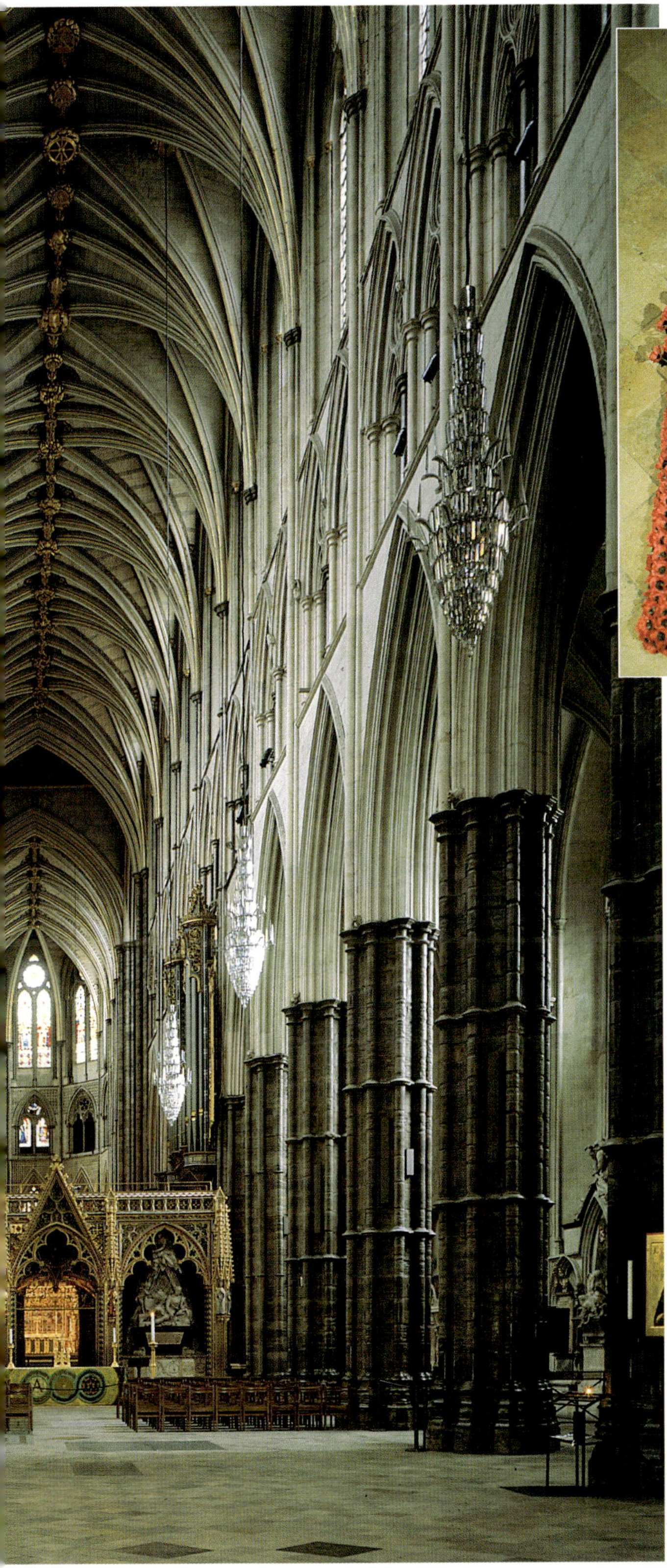

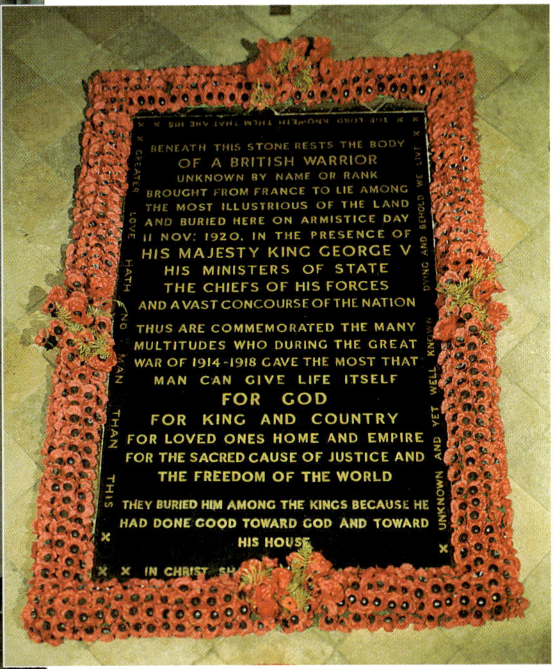

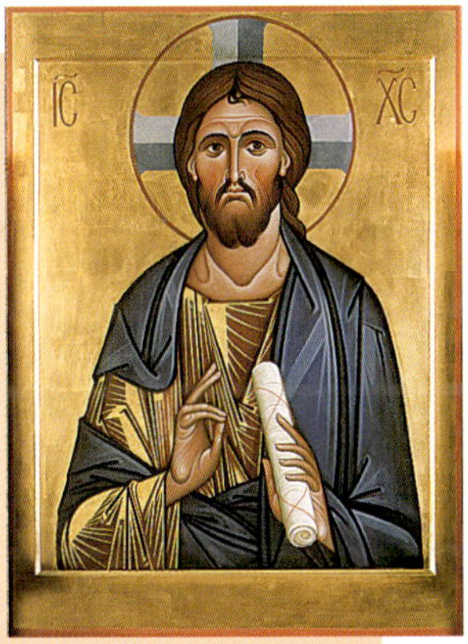

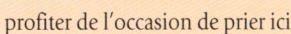

BENEATH THIS STONE RESTS THE BODY
OF A BRITISH WARRIOR
UNKNOWN BY NAME OR RANK
BROUGHT FROM FRANCE TO LIE AMONG
THE MOST ILLUSTRIOUS OF THE LAND
AND BURIED HERE ON ARMISTICE DAY
11 NOV: 1920, IN THE PRESENCE OF
HIS MAJESTY KING GEORGE V
HIS MINISTERS OF STATE
THE CHIEFS OF HIS FORCES
AND A VAST CONCOURSE OF THE NATION
THUS ARE COMMEMORATED THE MANY
MULTITUDES WHO DURING THE GREAT
WAR OF 1914-1918 GAVE THE MOST THAT
MAN CAN GIVE LIFE ITSELF
FOR GOD
FOR KING AND COUNTRY
FOR LOVED ONES HOME AND EMPIRE
FOR THE SACRED CAUSE OF JUSTICE AND
THE FREEDOM OF THE WORLD
THEY BURIED HIM AMONG THE KINGS BECAUSE HE
HAD DONE GOOD TOWARD GOD AND TOWARD
HIS HOUSE
GREATER LOVE HATH NO MAN THAN THIS
UNKNOWN AND YET WELL KNOWN
DYING AND BEHOLD WE LIVE

IC
XC

Dieu est vénéré chaque jour dans l'abbaye, avec des messes quotidiennes et des prières toutes les heures. Le doyen et les chanoines, comme les moines l'avaient fait avant eux, ont maintenu les services à des horaires fixes et invitent les visiteurs à profiter de l'occasion de prier ici.

La prière à l'abbaye est souvent accompagnée de la chorale, particulièrement le soir, et les messes chantées permettent aux fidèles de se détendre et de laisser leurs cœurs et leurs âmes aller à la recherche de Dieu. Chaque répétition de la liturgie quotidienne nous confronte au défi posé par les évangiles aux standards humains et nous permet de découvrir la sagesse de la Bible. L'édifice de l'abbaye et les nombreuses activités qui s'y déroulent s'unissent pour créer dans nos vies autrement étriquées un espace pour Dieu.

Non loin de là se trouve la pierre qui commémore **Winston Churchill** (1874–1965), Premier ministre et leader britannique pendant la guerre. Le portrait de **Richard II** (1367–1400) se trouve sur un pilier, en hauteur; ce serait le portrait contemporain le plus ancien d'un souverain britannique.

Les lustres en verre de Waterford furent offerts à l'abbaye pour marquer son 900ème anniversaire. A l'extrémité est de la nef se trouve le **jubé** qui la sépare du chœur. Conçu par Edward Blore en 1834, c'est le quatrième à avoir été érigé à cet endroit ; les grilles en fer forgé, cependant, proviennent d'un jubé antérieur. Les deux monuments sont en mémoire de **James Stanhope** (1673–1721) et du savant **Sir Isaac Newton** (1642–1727). D'autres savants sont commémorés à proximité et **Charles Darwin** (1809–82) est également inhumé ici.

La magnifique collection de sculptures et de monuments rassemblée à l'abbaye de Westminster nous rappelle que toutes les couches de la société ont une place dans les desseins de Dieu. Les personnes riches et célèbres financèrent la construction de l'abbaye, alors que des artisans offrirent à la plus grande gloire de Dieu les talents qu'ils avaient reçus de Lui.

Dans le monde très différent d'aujourd'hui, l'abbaye a toujours pour objectif d'explorer ces questions. La religion et l'église sont peut-être considérées comme des thèmes plus personnels qu'ils ne l'étaient autrefois, mais l'abbaye continue de rapprocher la vie humaine des desseins de Dieu. Dans l'abbaye, les offrandes modernes sont généralement moins permanentes (expositions, concerts ou réunions), pourtant l'Eglise continue d'encourager les gens, quelles que soient leurs croyances et quelles que soient les compétences dont ils disposent, à voir la vie à la lumière éternelle de Dieu.

En haut à gauche • Monument à la mémoire de Winston Churchill
Ci-dessus • Monument à la mémoire d'Isaac Newton
A droite • Monument à la mémoire de Charles Darwin
Extrême droite • Portrait contemporain de Richard II

L'ÉGLISE STE MARGARET

Entre l'abbaye et Parliament Square se trouve l'église
Ste Margaret. Elle fut construite par les moines de
Westminster comme lieu de culte pour leurs serviteurs et
ceux qui habitaient et travaillaient dans le voisinage.
L'un des moines fut nommé par l'abbé pour y donner
des messes.

Ste Margaret se trouve peut-être dans l'ombre de l'abbaye, mais elle a une histoire fascinante. Samuel Pepys, le célèbre chroniqueur, fut marié ici en 1655 ; ce fut également le cas de Winston Churchill en 1908. De nos jours, l'église est sous la garde du doyen et du chapitre et l'un des chanoines de Westminster est également pasteur de Ste Margaret.

En 1614, Ste Margaret devint "l'église paroissiale de la Chambre des communes" et les membres du parlement se sont voués au culte ici, régulièrement, depuis cette date. En 1918, Lloyd George emmena les membres de la Chambre des communes à Ste Margaret pour une messe marquant la signature de l'armistice. Sir Winston Churchill en fit de même en 1945, à la fin de la seconde guerre mondiale. Une messe spéciale marque désormais le commencement de chaque saison parlementaire, et de nombreux baptêmes, mariages et offices commémoratifs parlementaires se déroulent chaque année à Ste Margaret. Le banc du premier rang, au sud, est réservé au Speaker et comporte à une extrémité une sculpture de la masse parlementaire.

Il est facile d'ignorer la taille et la beauté de Ste Margaret à cause de sa proximité à l'abbaye. L'église actuelle fut construite entre 1482 et 1523 et son intérieur perpendiculaire est remarquable. A l'extrémité est se trouve un superbe **vitrail**, probablement fabriqué en Hollande vers 1526. Il commémore le mariage d'Henri VIII et de sa première femme, Catherine d'Aragon, mais ne fut placé dans l'église Ste Margaret qu'en 1758. En dessous se trouve une sculpture en tilleul du 18ème siècle, inspirée des *Pèlerins d'Emmaüs*, de Titien. Le retable doré qui l'entoure fut ajouté au début de ce siècle.

Parmi les autres remarquables verrières de l'église Ste Margaret se trouve celle qui surmonte la porte ouest, en commémoration à **Sir Walter Raleigh**, qui fut enterré sous l'autel. A l'extrémité ouest se trouve également une verrière à la

mémoire du poète **John Milton** qui vécut dans la paroisse de Ste Margaret et priait à l'église. En 1996, une série de verrières réalisées par John Piper fut installée dans le bas-côté sud.

Ste Margaret a sa part de superbes monuments et plaques funéraires. La plus ancienne commémore **Cornelius Van Dun** mort en 1577. Il était cavalier de la garde, mais c'est pour les hospices qu'il fonda pour les pauvres de la paroisse qu'il passa à la postérité. Près de la porte est se trouve une plaque à la mémoire de **William Caxton**, qui installa la première presse d'impression en Angleterre dans l'enceinte de l'abbaye.

Sur le mur nord se trouve un monument à la mémoire de l'artiste bohémien **Wenceslaus Hollar**. Ses œuvres comprennent certaines des gravures les plus anciennes que nous ayons de l'abbaye de Westminster. Une autre plaque, dans le bas-côté sud, commémore **Phillips Brooks**, évêque du Massachusetts. Il était à son époque un pasteur de renom, mais de nos jours on le connaît probablement davantage pour son poème, "O Little Town Of Bethlehem" ("O petite ville de Bethléem"), qui fut mis en musique et devint un cantique de Noël bien connu.

En haut à gauche • *Verrière commémorant John Milton*
A gauche • *Ste Margaret et le dragon*
Ci-dessous • *La nef, depuis l'ouest*

VICTIMES ET MARTYRS DU VINGTIEME SIECLE

L'abbaye de Westminster est un lieu de culte vivant dont les monuments reflètent l'évolution de l'histoire. De temps en temps, des adjonctions symboliques, dont deux datent des années 1990, y sont apportées : la construction du monument aux innocentes victimes et l'érection de dix statues de martyrs du 20ème siècle sur la façade ouest.

Le **Monument aux innocentes victimes de l'oppression, de la violence et de la guerre** a été érigé en 1996 et dévoilé par Sa Majesté la Reine. Il existe de nombreux monuments aux morts dans l'abbaye, le plus célèbre étant la tombe du soldat inconnu. Cependant, la guerre et l'oppression entraînent de nombreux décès en dehors du champ de bataille et ces innocentes victimes sont maintenant commémorées en permanence dans l'abbaye.

Sur la façade ouest de l'abbaye, juste au-dessus de la porte, se trouvent les statues de dix **Martyrs du 20ème siècle**. Les dix niches étaient auparavant vides, alors pour marquer la fin de grands travaux de restauration, le doyen et le chapitre décidèrent d'y mettre des statues, ce à quoi elles étaient destinées. Le thème de martyres du 20ème siècle a été choisi car ce siècle a vu davantage de souffrances d'innocents et de martyrs chrétiens que toute autre période. On décida également de représenter ceux qui avaient été martyrisés dans leur pays natal.

Les statues se dressent au-dessus des quatre figures de la Vérité, la Justice, la Miséricorde et la Paix. De gauche à droite, elles représentent : Maximilian Kolbe, Pologne (†1941) ; Manche Masemola d'Afrique du Sud (†1928) ; Jannai Luwum, Ouganda (†1977) ; la grande duchesse Elisabeth de Russie (†1918) ; Martin Luther King, USA (†1969) ; Oscar Romero, El Salvador (†1980) ; Dietrich Bonhoeffer, Allemagne (†1945) ; Esther John, Pakistan (†1960) ; Lucian Tapiedi, Nouvelle Guinée (†1942) ; Wang Zhiming, Chine (†1972). Les statues furent dévoilées le 9 juillet 1998, par l'archevêque de Canterbury, en présence de Sa Majesté la reine et de Son Altesse le duc d'Edimbourg.

Ci-dessus ● *Le Monument aux innocentes victimes de l'oppression, la violence et la guerre*
Ci-dessous ● *Les dix statues des martyrs du 20ème siècle, y compris Maximilian Kolbe (à gauche) et Oscar Romero (à droite)*